AF554721

CONSIDÉRATIONS

SUR

L'ACTE D'ÉMANCIPATION

DE

SAINT-DOMINGUE,

SUR

LA NATURE ET L'ÉTENDUE DES DROITS QU'IL CONFÈRE AUX ANCIENS COLONS DÉPOSSÉDÉS, ET SUR LE MODE D'ACCOMPLISSEMENT DES OBLIGATIONS CORRESPONDANTES.

PAR

M. CONSTANT LAMARQUE,

AVOCAT A LA COUR ROYALE DE PARIS, MANDATAIRE DE DIVERS COLONS.

L'état ne peut exiger le sacrifice d'une propriété particulière que moyennant une juste indemnité.
(CODE CIVIL, *art.* 545 ; CHARTE, *art.* 10.)

PRIX, 1 FR.

Paris,

CHEZ GUIRAUDET, IMPRIMEUR,
RUE S.-HONORÉ, N° 315,
ET CHEZ L'AUTEUR,
RUE DES GRÉS, N° 22.

1828.

A ma sœur ***DE SOUBRÉ***, *ma meilleure amie*,

Léger tribut d'affection et de reconnaissance.

CONSTANT LAMARQUE.

CONSIDÉRATIONS

SUR

L'ACTE D'ÉMANCIPATION

DE

SAINT-DOMINGUE.

CHAPITRE Ier.

DE L'ACTE D'ÉMANCIPATION.

Parmi les traditions remarquables que nos vieilles chroniques ont recueillies et dérobées à la nuit des temps, on peut placer au premier rang le tableau qu'elles nous retracent de ces assemblées du champ de mars et du champ de mai, où les Français, armés de pied en cap, étaient admis à délibérer avec leurs rois. C'est là que Clovis, fondateur de la monarchie, demanda solennellement, avant de marcher contre les Visigoths, le consentement de la nation. Cet exemple fut suivi par ses successeurs, qui finirent pourtant par s'arroger le droit de déclarer la guerre et de conclure les traités de paix et d'alliance sans le concours ou la participation d'aucun autre pouvoir. Sous un gouvernement presque absolu, ce droit dut paraître légitime; et comme il ne fut jamais contesté, l'usage l'introduisit à la longue dans la constitution de l'état.

La couronne jouissait d'une autre prérogative. En vertu du domaine éminent, elle pouvait disposer des propriétés de ses sujets pour cause d'utilité publique. C'est du moins ce qu'on lit dans Grotius, *de jure belli ac pacis*, et ce que Puffendorf a reproduit et développé en ces termes: « Dans les traités de paix, dit-il, on cède quelquefois à l'autre partie certaines choses qui « sont à des particuliers; et la nature du do-« maine éminent de l'état suffit pour faire voir « jusqu'où le souverain peut disposer à cet égard « des biens de ses sujets. Sur le fondement de ce « domaine éminent, le souverain, qui est le roi « dans une monarchie, a droit, s'il y a nécessité « pressante, ou même pour procurer à l'état « quelque grand avantage, de donner ou d'aliéner « les biens des particuliers, à quelque titre qu'ils « les aient acquis. »

Ces principes, généralement reconnus en France, ont été consacrés par la charte constitutionnelle et forment aujourd'hui une partie essentielle de notre droit public. Le roi, d'après le nouveau pacte, déclare la guerre, fait les traités de paix, d'alliance et de commerce. Il peut, de plus, exiger le sacrifice d'une propriété particulière dans l'intérêt général.

Nonobstant des dispositions si précises, dont la source remonte, pour ainsi dire, au berceau de la monarchie, il s'est trouvé des hommes graves, d'honorables députés, qui ont paru révoquer en doute la légalité de l'acte d'émancipation de la colonie de Saint-Domingue, et qui sont même allés jusqu'à contester formellement à la couronne le droit qu'elle venait d'exercer. Ont-ils voulu faire de l'opposition? Cela est très probable. Quoi qu'il en soit, leur opinion, tout étrange qu'elle est, ayant été développée à la tribune et publiée dans les journaux, n'a pas laissé que de faire naître des doutes dans certains esprits, qui peut-être en sont devenus des partisans sincères : elle mérite donc l'honneur d'une réfutation.

Cette réfutation est facile. Il ne s'agit en effet ni de combattre une série de propositions qui s'enchaînent, ni de lutter contre d'imposantes autorités, ni de détruire le prestige brillant des formes de la pensée. On a dit en termes fort simples : Le Roi ne peut, pendant la paix, aliéner aucune partie du territoire; et il a renoncé à la domination d'Haïti, qui en faisait partie. Il ne peut non plus, même en temps de guerre, disposer de la propriété de ses sujets, si ce n'est pour cause d'intérêt public; et il en a exigé le sacrifice en l'absence de cet intérêt. Il a donc franchi doublement les bornes de sa puissance.

Singulier raisonnement!... Non, sans doute, le roi ne peut, en temps de paix, consentir au démembrement du territoire. C'est un principe que personne ne s'avisera de contester. Mais est-ce bien sérieusement qu'on en a invoqué l'application? Aurait-on oublié que, depuis les premières années de la révolution, la France était en guerre avec Saint-Domingue? Ignore-t-on que cette guerre, qui, sous le consulat, dévora une armée de braves, a duré plus de trente ans, et que, sans l'ordonnance qu'on critique, il eût été difficile d'en prévoir le terme? Cette ordonnance renferme donc un traité de paix: d'où la conséquence que, loin de constituer un excès de pouvoir, elle rentre complétement dans l'exercice d'une des prérogatives garanties à la couronne par la loi de l'état.

Quant au sacrifice imposé aux anciens colons de Saint-Domingue, il était devenu malheureusement indispensable, parce qu'il se rattachait essentiellement à l'acte d'émancipation. Il était d'ailleurs commandé par l'intérêt général: car ce n'est qu'à ce prix que le gouvernement français pouvait obtenir à la fois l'indemnité promise et les bienfaits d'une paix que notre commerce maritime appelait depuis long-temps de tous ses voeux.

C'est donc sans fondement qu'on a reproché à l'administration déplorable l'émancipation de Saint-Domingue. Cette importante transaction politique est peut-être le seul acte qui lui eût acquis des droits à la reconnaissance nationale, si, par l'effet de son imprévoyance, elle n'avait négligé de stipuler les garanties nécessaires pour en assurer l'exécution.

CHAPITRE II.

DE LA NATURE ET DE L'ÉTENDUE DES DROITS DES ANCIENS COLONS.

Tout en consacrant quelques lignes à l'examen de l'émancipation d'Haïti, on ne s'est pas dissimulé que cette question n'offrait plus l'intérêt puissant qui s'attache aux actes nouvellement soumis à la critique ou à la délibération des chambres; mais on a pensé qu'elle rentrait nécessairement dans le cadre de cet opuscule, parce qu'avant de réclamer l'exécution d'un titre, le bon sens indique qu'il en faut établir la légalité.

Maintenant ce n'est plus d'une théorie dont la couronne a fait irrévocablement l'application qu'il s'agit d'exposer les principes; ce n'est plus de quelques discours déclamatoires, trop souvent commandés par la couleur de la bannière sous laquelle l'orateur s'est rangé, qu'il faut combattre l'influence passagère. Le sujet change de nature et devient tout positif.

Quels sont les droits des malheureux colons ? Chargés d'années et du poids de leurs longues infortunes, leur est-il réservé, après avoir attendu en vain l'accomplissement de ce qu'on leur a promis, de se voir, en définitive, enveloppés dans la faillite imminente du gouvernement d'Haïti ? Ou bien ce nouveau désastre doit-il frapper uniquement le négociateur inhabile qui les y a si témérairement exposés ?

Au premier aperçu, cette difficulté paraît grave ; mais en présence des principes qui la régissent, elle ne conserve plus la même physionomie ; elle se simplifie et s'évanouit.

En effet, une règle invariable de droit public, puisée dans la loi naturelle et observée dans tous les siècles et chez tous les peuples civilisés, c'est que l'état, ou celui qui le représente, ne peut, en aucun cas, disposer d'une propriété particulière que moyennant une juste indemnité. Cette règle est consignée dans les écrits de tous les publicistes. Grotius, déjà cité, la pose ainsi : *Cùm civitas aut is qui civitatis vice fungitur res subditorum alienat, civitas tenetur his qui suum amittunt sarcire damnum de publico in quod publicum nomen et ipse qui damnum passus est, si opus est, contribuet. Neque hoc onere levabitur civitas si tunc fortè ei præstationi par non sit; sed quando quidem copia suppetit exseret sese quasi sopita obligatio.* Puffendorf et Burlamaqui la retracent en termes non moins énergiques. Selon eux, la cité est tenue de dédommager chaque particulier, non seulement de la perte des biens qu'il a dû céder à l'ennemi, mais encore de tous les autres préjudices que l'ennemi lui a causés. Enfin, le code civil et la charte, ces deux monuments immortels de la législation française, l'empruntant à la sagesse de celles qui l'ont précédée, nous l'ont transmise religieusement, et lui ont même imprimé le double caractère de disposition civile et de loi fondamentale du nouveau contrat social.

C'est cette loi si juste que les colons sont en droit d'invoquer. L'ancien ministère l'avait bien senti. Aussi, sourd aux cris de détresse de la tourbe des plébéiens pendant qu'il épuisait toutes les ressources du trésor pour augmenter les richesses de la classe privilégiée, voici comment il s'efforçait d'en écarter l'application: « L'or-
« donnance qui reconnaît l'indépendance de la

« république d'Haïti, disait M. de Villèle à la « tribune, renferme deux séries de dispositions « très distinctes, et qu'il est essentiel de ne pas « confondre. Les unes ont pour objet la prospé- « rité de notre commerce maritime ; le gouver- « nement doit en surveiller spécialement l'exé- « cution. Les autres sont relatives à l'indemnité « stipulée au profit des anciens colons ; elles ne « regardent que ces derniers, et ne règlent qu'une « affaire d'intérêt privé, dans laquelle l'état n'a « entendu contracter aucune obligation. »

Il faut l'avouer, cette déclaration est positive ; mais, outre qu'elle n'a pas force de loi, elle n'exprime qu'une idée dont la puérilité, c'est le mot, forme un singulier contraste avec le genre habituel d'argumentation de l'homme d'état dont elle émane. D'après lui, le gouvernement n'aurait pas entendu s'engager. Eh ! qu'importe l'intention qu'il aurait eue ? Ses obligations, entièrement indépendantes de sa volonté, ne sont-elles pas écrites en termes formels dans le code civil et dans la charte ? N'est-il pas d'ailleurs évident que, par le seul fait de l'expropriation des colons, qui résulte implicitement de l'ordonnance d'émancipation, et par leur adhésion libre ou forcée aux dispositions qu'elle renferme, il s'est formé entre eux et l'état un quasi-contrat, lequel, en les liant respectivement, oblige l'un à payer ou à faire payer, dans les délais fixés, l'indemnité promise, et les autres à respecter le traité conclu avec Haïti, bien qu'ils n'y soient pas intervenus, comme le titre constitutif de leurs droits? Ce sont là, ce semble, des vérités palpables, accessibles aux plus faibles intelligences, et qu'il suffit d'énoncer avec quelque clarté, pour en établir la démonstration.

Cependant, il paraît certain que le nouveau ministère dont, au sortir de la plus dégradante oppression, on avait salué l'aurore d'un sourire d'espérance, s'obstine à les méconnaître, et suit envers les malheureux colons les errements de l'ancien. Loin de justifier leur attente en reconnaissant leurs droits, il ne répond à leurs réclamations que par le silence, oubliant qu'ils sont en proie à toutes les horreurs du besoin.

C'est dans cette position affreuse qu'ils se voient réduits à demander comme une grâce, comme une faveur insigne, qu'on leur paie enfin, en exécution de la loi qu'on leur a imposée, non la totalité de ce qu'ils pourraient prétendre, ni même la valeur du tiers ou du quart de ce qu'ils ont perdu, mais seulement le vingtième de cette même valeur, ou, pour parler avec plus d'exactitude, qu'on ne leur fasse pas attendre éternellement la misérable aumône qu'on leur a promise, et dont on a bien voulu leur déguiser le nom.

CHAPITRE III.

DU MODE DE LIBÉRATION.

Le gouvernement ne peut se dissimuler la profonde détresse des colons, la justice de leurs plaintes, la nécessité d'y répondre par l'accomplissement de ce qu'il leur a promis. Pourquoi donc se renferme-t-il depuis deux ans dans un silence qui les désespère ? Verrait-il sans pitié leur infortune, après s'être montré si généreux pour les émigrés? Prodiguer aux uns les pensions et les hauts emplois, les enrichir d'un milliard dont la petite propriété s'est appauvrie, accueillir favorablement leurs diverses réclamations, épuiser envers eux toutes les formes de la politesse, et en même temps laisser les autres languir dans l'attente, se complaire à ne leur donner aucune explication, les repousser même avec rudesse, eux qui ne soupirent qu'après quelques miettes, et qu'on a exclus du grand festin ; de bonne foi, est-ce là environner du même intérêt les victimes du même désastre? est-ce là se conformer à l'esprit et au texte de la charte, dont l'art. 1er déclare tous les Français égaux devant la loi ?

Mais on demande peut-être l'impossible, c'est-à-dire le paiement de cent vingt millions, quand le trésor est épuisé. Qu'on se détrompe. Quoique les colons aient des droits certains, dont on connaît toute l'étendue, leurs prétentions sont extrêmement modestes. Intimement persuadés que la république d'Haïti est dans la ferme intention de remplir ses engagements, mais qu'elle ne peut parvenir à ce résultat sans recourir à un nouvel emprunt moins onéreux que celui qu'elle a déjà contracté, ils se bornent à exprimer le désir que le gouvernement français lui facilite cette seconde négociation, en se constituant le garant du paiement régulier des intérêts, attendu que ce n'est qu'au moyen d'une intervention à la fois si puissante et si propre à dissiper les craintes des prêteurs qu'elle peut se flatter d'obtenir promptement et à bon marché les fonds qui lui sont encore nécessaires pour compléter sa libération. Ils osent espérer qu'une proposition qui semble concilier avec tant de bonheur les intérêts de tous sera favorablement accueillie. En effet, pourquoi la rejetterait-on? Le seul motif plausible, ce serait la crainte de compromettre par un cautionnement hasardeux les intérêts du trésor ; mais cette crainte n'est pas fondée. Sans doute, la jeune république d'Haïti, qui ne fait que d'apparaître comme un point presque imperceptible sur le vaste horizon politique, ne peut inspirer encore une grande confiance ni jouir d'un brillant crédit. On assure même qu'elle courrait le risque de consommer sa ruine en voulant réaliser à l'instant avec ses seules ressources les trois cinquièmes arriérés de l'indemnité promise : car on sait positivement qu'elle ne peut consacrer, année commune, à l'acquit de sa dette, qu'une somme de dix millions, dont huit applicables au paiement des intérêts, et les deux autres à l'amortissement du capital, qui est de cent cinquante millions. Mais si, dans le nouveau traité, on a soin de stipuler toutes les garanties nécessaires pour assurer aux échéances le recouvrement de la somme annuellement disponible, il est clair que, les intérêts du trésor se trouvant ainsi tout-à-fait à couvert, le gouvernement peut adhérer à ce qu'on lui demande sans s'exposer au moindre danger. Ce serait donc sans raison et même sans prétexte qu'oubliant son premier devoir, celui d'être juste, et de l'être envers tous, il fermerait impitoyablement l'oreille à la dernière prière, au dernier vœu de tant de malheureux, tristes jouets de nos orages politiques, et dont la mort, qui vient chaque jour les surprendre au milieu de leurs trompeuses espérances, ne cesse d'éclaircir les rangs.

Ah! pourquoi ces voix éloquentes, qui ont des accents pour toutes les douleurs, qui semblent sympathiser avec tous les genres d'infortune, refusent-elles leur noble appui à une cause qui en est si digne? Grâce à leurs inspirations sublimes, l'Hellade n'a plus de tyrans. Qu'elles reviennent donc au sein de la patrie protéger de leur salutaire influence des droits sacrés trop longtemps méconnus. Elles appelleront sur une véritable iniquité, en la signalant avec leur puissante énergie, les regards investigateurs des chambres; et si elles ne peuvent troubler la conscience impassible des ministres, elles toucheront du moins le cœur magnanime d'un roi qui ne fut pas toujours heureux.

FIN.

www.ingramcontent.com/pod-product-compliance
Lightning Source LLC
LaVergne TN
LVHW010217230826
846091LV00008BB/3559

* 9 7 8 2 0 1 9 2 8 0 7 1 0 *